AF359416

EAUX POTABLES

A VALENCIENNES

Façade du Bâtiment des Machines.

NOTICE

SUR

L'ETABLISSEMENT ET LA DISTRIBUTION

D'EAUX POTABLES

A VALENCIENNES

VALENCIENNES

IMPRIMERIE ET LITHOGRAPHIE DE E. PRIGNET,

LIBRAIRE-ÉDITEUR

1867

NOTICE

§ 1.

Renseignements sur la nature des eaux.

La ville de Valenciennes, qui était alimentée par des eaux souterraines, en grande partie viciées par des déjections industrielles et des infiltrations de fosses d'aisance, décida, en 1859, l'introduction dans ses murs d'eaux de sources très limpides et de très bon goût, qu'on a recueillies dans la vallée de la Rhonelle, au moyen d'aqueducs dont le développement atteint 4,603^m.

Les sources acquises par la ville produisent un volume d'eau qui atteint 2,000 mètres cubes en hiver et ne descend guère au-dessous de 1,600 à l'étiage, ce qui assure encore 65 litres par habitant et par jour.

Lorsque ce volume sera devenu insuffisant par suite du développement des concessions, on pourra se procurer de nouvelles sources en remontant plus haut dans la vallée de la Rhonelle.

Toutes les sources marquent 10° centigrades tant en été qu'en hiver. Le thermomètre indique constamment 11 à 12° dans le réservoir supérieur qui est placé dans le rempart, sous une épaisseur de terre qui le met à l'abri de toute variation de température.

Le degré hydrotimétrique des sources réunies est de 30° (c'est-à-dire qu'elles neutralisent 30 décigrammes de savon par litre d'eau, avant de produire une mousse persistante), tandis que les eaux des puits de la ville marquent jusqu'à 72°. Outre le grave inconvénient de contenir des matières organiques souvent en grande quantité et d'être peu aérées, ces dernières renferment une quantité notable de sels terreux parmi lesquels les sulfates dominent, et l'on sait que ce sont les plus nuisibles, tant sous le rapport de l'alimentation que sous celui des incrustations.

L'analyse faite par M. Pesier, chimiste distingué, a constaté que les eaux introduites sont de bonne qualité, bien aérées et agréables au goût. Voici les résultats qui lui ont été fournis par l'analyse de la source Grosse-Dame, dite aussi du Bouquion :

Chlorure de sodium	0—0128
Azotate de Magnésie	0—0209
— de potasse	0—0083
Sulfate de chaux	0—0041
— de potasse	0—0015
Carbonate de chaux	0—2540
— de Magnésie	0—0183
Phosphate de chaux	traces
Acide silicique	0—0107
Matière organique : traces et pertes à l'analyse	0—0181
	0—3487

Les autres sources n'ont pas été analysées quantitativement ; mais elles ont été reconnues, offrir entre elles la plus grande analogie de composition, et l'essai à l'hydrotimètre n'a donné entre elles qu'une différence de 2 à 3 degrés.

§ 2.

Indications générales sur les travaux.

Les travaux ont été exécutés par la ville et à ses frais pendant les années 1862 et 1863. Toute idée de concession à un entrepreneur ou à une Compagnie pour l'exploitation a été écartée comme pouvant entraver les vues philantropiques qui ont surtout déterminé à entreprendre l'œuvre.

L'honorable Maire, Monsieur Bracq, dont l'initiative éclairée et la persévérance énergique ont doté Valenciennes de tant de belles améliorations avait chargé M. Masquelez, ingénieur de l'arrondissement de Valenciennes, d'établir le projet et de diriger l'exécution. Ce dernier s'était adjoint MM. les conducteurs des Ponts et Chaussées Monchovet, Parsy Aimé et ParsyAchille.

Un décret d'utilité publique , en date du 14 juin 1861, avait été demandé pour faciliter l'acquisition tréfoncière des terrains nécessaires à l'établissement de l'aqueduc. Partout l'on a pu traiter sur la moyenne de 40 cent. par mètre carré représentant la moitié de la valeur vénale.

Les maçonneries ont été l'objet d'un premier lot d'adjudication. Les machines, toutes les fontes et les pavages ont formé trois autres lots. La fontainerie a dû être accordée par soumission directe après trois tentatives d'adjudication.

Les explications que nous allons donner, ci-après, sur les dix feuilles de dessins qui accompagnent la présente notice permettront de se rendre parfaitement compte des travaux exécutés.

§ 3.

Aqueduc d'amenée et prises d'eau des sources.

Planche I. — Cette planche donne l'ensemble du tracé depuis la source la plus éloignée, à l'entrée d'Aulnoy jusqu'au réservoir inférieur situé à l'extrémité du cours Bourbon, à l'intérieur de la ville : les quatres sources principales y sont figurées ; trois sont situées sur la rive droite de la Rhonelle et l'autre sur la rive gauche.

Planche II. — On y a représenté les profils en long de la conduite principale et des conduites secondaires qui y aboutissent.

L'inspection de cette planche montre que la conduite a été établie en pente libre, au moyen d'un aqueduc de section ovoïde dont la largeur varie entre 0^{m}40 au radier et 0^{m}60 à la naissance de la voûte, et dont la hauteur est de 0^{m}90 sous clef.

Mais pour la traverse du val de la Rhonelle, près de Valenciennes, on a dû adopter un syphon en fonte de 0^{m}40 de diamètre intérieur.

Les détails placés sous le profil en long montrent les dispositions principales des acqueducs, des chambres de prises d'eau, des pavillons d'accès et d'aérage. Des lettres de renvoi, indiquent la concordance de ces ouvrages avec leur position précise au profil en long. Les titres et les légendes paraissent suffisamment complets. Cependant nous placerons ici la décomposition suivante du tracé :

Conduite principale : en aqueduc libre. 2,938^m.
— en syphon ...... 810^m. } 3,748^m.
Conduites de prises d'eau aboutissant à la conduite principale (64^m+601^m+190^m).......... 855^m.

Total........... 4.603^m.

Nous ajouterons en outre quelques observations qui ont leur importance pour les personnes qui auraient à s'occuper de travaux semblables.

Le fond des aqueducs et des chambres de prises d'eau a été abaissé de 0^{m}80 en moyenne au dessous des anciens points d'émergence des sources; cette disposition, toujours nécessaire pour qu'on ne soit pas exposé à perdre une partie du volume des sources, dont le niveau tend généralement à baisser, cette disposition, disons-nous, a déplacé et multiplié les points d'émergence.

A la fontaine Bouillion, par exemple, lorsqu'on a ouvert la fouille pour l'aqueduc, on a vu l'eau sourdre et comme bouillonner aux abords de l'ancien point d'émergence dans un gravier mélangé. Par mesure de prudence on a cherché

à dégager les plus gros bouillons et on a construit des voûtes au-dessus. C'est pour cela que, outre l'aqueduc de prise
d'eau, il a été construit deux chambres assez vastes dans
lesquelles surgissent de nombreux sourcillons. Les autres
sources ont été captées également dans une couche de terrain graveleux ou marneux. Cette couche était séparée
de la terre végétale par une petite épaisseur de terre
glaise imperméable ; en sorte que les eaux des sources
viennent évidemment d'assez loin, ce qui explique leur
pérennité.

§ 4.

Réservoirs.

Planches III–IV–V–VI–VII.

Planche III. — Anciennes galeries d'exploitation de
pierres blanches dans l'emplacement des réservoirs.

Le réservoir inférieur est fondé sur un terrain calcaire,
dont les bancs inférieurs ont été exploités, à une époque si
reculée, que la tradition en était perdue.

Les projets ont dû être modifiés en cours d'exécution par

suite de la découverte de ces anciennes galeries (1) et des puits d'extraction.

On a dû descendre le radier du réservoir inférieur jusqu'au fond des galeries et il a fallu consolider dans une zône périmétrique de 2m50 de largeur. Les planches III et VII montrent toute l'étendue des travaux imprévus que ces excavations ont nécessités. On s'est trouvé ensuite dans les meilleurs conditions de solidité pour le réservoir inférieur qui se trouve enfermé dans une enveloppe résistante, partie naturelle, partie consolidée artificiellement ; c'est ce qui explique la faible épaisseur du radier et des piédroits : on n'a mis que les épaisseurs nécessaires pour assurer l'étanchéité des bassins ; quant à la voûte on a dû la mettre à l'abri de la bombe pour obéir aux instructions du ministère de la guerre.

La découverte tardive des anciennes carrières de pierres à bâtir, qui paraissent exister dans tout le quatier haut de la ville donnait des craintes sérieuses pour la solidité du réservoir supérieur qui a dû être établi au-dessus de ces galeries. Il a donc fallu prendre le parti de consolider toutes ces galeries plus ou moins effondrées : Ce travail coûteux et souvent bien dangereux pour les travailleurs a été fait avec

---

(1) Les sondages exécutés lors des études faites pour reconnaître la nature du terrain avant la rédaction des projets n'avaient pas révélé l'existence de ces carrières. Le hasard a voulu que les trois fouilles, bien que descendues à une profondeur suffisante, tombassent sur des piliers de galeries.

le plus grand succès, puisqu'il n'en est résulté la perte d'aucun ouvrier, et que le réservoir, qui supporte la charge énorme de 5ᵐ75ᶜ de hauteur d'eau, n'a pas subi le moindre mouvement. En parcourant les galeries consolidées qui sillonnent le dessous de ce réservoir, on ne découvre, nulle part, la moindre trace des suintements.

La planche IV donne le plan des dispositions d'ensemble des réservoirs ainsi que celles du bâtiment des pompes élévatoires, des machines qui les actionnent et des générateurs. On voit dans la planche V la coupe transversale des réservoirs inférieurs et supérieurs, dans la planche VI la coupe longitudinale de l'un des réservoirs inférieurs et enfin dans la planche VII, la coupe longitudinale des réservoirs supérieurs.

Réservoir inférieur. Les eaux arrivent par leur pente naturelle dans ce réservoir, qui est situé sur le point culminant de la ville. Il est formé de deux bassins séparés afin que l'on puisse, à volonté, nettoyer l'un ou l'autre, ou les réparer, sans interrompre le service.

Immédiatement avant de pénétrer dans le réservoir, l'aqueduc d'amenée se bifurque en deux branches, qui aboutissent chacune à l'un des deux bassins en traversant l'épaisseur du mur de pignon au moyen de tuyaux en fonte de 0ᵐ40ᵉ de diamètre. Des vannes placées en tête de ces tuyaux, permettent de régler à volonté l'arrivée des eaux dans l'un ou dans l'autre des deux compartiments. Si l'on vient à fermer en même temps les deux vannes, l'eau reflue' dans la dernière partie de l'aqueduc jusqu'à une certaine hauteur; puis elle se rend en franchissant un déversoir de superficie (Voir en G; PLANCHE II) dans une décharge qui la conduit au canal Sainte-Catherine (ancien bras de l'Escaut). Le même fait se produit lorsque le niveau, dans le réservoir inférieur a atteint le maximum fixé.

Tout le volume des sources captées à ce jour arrive donc en ville; mais la portion inutile aux besoins journaliers passe par le déversoir précité.

On accède au réservoir par une galerie dont l'entrée est placée contre le mur de cloture du collége Notre-Dame et qui longe le pignon, du côté de la place Verte, au-dessus du niveau maximum des eaux : de là, on descend au fond de chaque compartiment au moyen d'échelles en fer. C'est aussi par cette galerie que l'on pénètre dans le réseau des galeries d'anciennes extractions de pierres blanches, dont il a été parlé plus haut.

Du côté de la rue Capelle, deux aqueducs font communiquer chaque compartiment du réservoir inférieur avec l'intérieur du bâtiment des machines, où sont établis des puits d'aspiration pour les deux pompes élévatoires.

La capacité totale du réservoir inférieur y compris l'emmagasinement dans la dernière partie de l'aqueduc, jusqu'au déversoir, est de 22,640 hectolitres.

Réservoir supérieur. Ce réservoir d'une capacité de 9,112 hectolitres, comprend deux compartiments isolés ayant chacun 10^m00 de longueur, séparés par |un mur de refend, au-dessus duquel se trouve une galerie de service placée au-dessus du niveau maximum de l'eau, et à laquelle on arrive au moyen d'un escalier.

On accède d'ailleurs au pied de cet escalier par un corridor voûté placé d'équerre et dont l'entrée est située près de la porte de la poterne militaire.

Des échelles en fer permettent, en partant de la galerie de service, de descendre au fond de chacun des compartiments.

Ce réservoir est placé au droit du réservoir inférieur dans le rempart et sous une épaisseur de terre qui soustrait l'eau aux influences de la température extérieure.

Lorsque l'eau atteint la hauteur maxima fixée, de 5^m75^e, des déversoirs de superficie assurent un écoulement dans des caniveaux ménagés sur le talus et au pied du rempart ; de sorte qu'aucune imprudence du mécanicien, ne peut exposer les réservoirs à une surcharge dangereuse, ni à une pression contre le haut des voûtes.

Les tuyaux de refoulement des pompes dans ce réservoir, qui se relèvent au-dessus du niveau maximum pour obtenir un bon aérage de l'eau (1) et pour assurer une marche régulière, ainsi que ceux partant de ce même réservoir pour la distribution en ville, font leur pénétration dans l'épaisseur du mur de pignon qui est appuyé contre la poterne militaire. A cet effet on a pratiqué contre le long dudit pignon, une galerie commode, qui aboutit près de l'entrée du corridor principal dont il a été parlé ci-dessus. C'est dans cette galerie que se manœuvrent les 4 vannes destinées à régler l'arrivée et la sortie des eaux pour chacun des compartiments du réservoir. Par précaution on a ménagé des trous dans les voûtes des réservoirs inférieur et supérieur pour faciliter le service en cas de réparations.

§ 5.

Bâtiment des machines, des pompes, et des
générateurs de vapeur.

Planches IV (plan d'ensemble) et X (élévation).

Ce bâtiment se compose de deux chambres ayant toute la largeur du bâtiment dans œuvre, soit 8^m00 : La première,

---

(1) Les déversoirs de superficie sont disposés de façon à fournir un autre moyen d'aérage.

de 12 mètres de long, contient les machines, et l'autre de 4^m50, renferme les chaudières. La première présente une partie en contre bas du sol de 3^m90, où sont installées les pompes d'aspiration et les orifices supérieurs des puits en communication avec le réservoir inférieur dont il a été parlé plus haut.

On a disposé au-dessus de la première chambre un étage comprenant pour le mécanicien, un logement composé de trois pièces prises en partie dans le comble. Elles sont éclairées savoir : les deux extrêmes par des fenêtres pratiquées dans les pignons et celle du milieu par des portes vitrées et par des lanterneaux ménagés dans la toiture.

Les murs sont en maçonnerie de briques, à l'exception des couronnements des pilastres et des frontons qui sont en pierre de taille de Saint-Leu. La charpente est en fer et la couverture en zinc cannelé.

Des aiguilles adaptées à des fils de laiton recuit, à l'extrémité desquels sont fixés des flotteurs descendant dans les puits d'aspiration des pompes, indiquent, sur des échelles placées dans l'intérieur du bâtiment des machines, le niveau de l'eau dans chacun des compartiments du réservoir inférieur.

Un tube en verre, appliqué contre une échelle graduée et communiquant avec l'artère principale de la distribution en ville et subissant par conséquent la pression du réservoir supérieur, indique aussi dans l'intérieur dudit bâtiment, la hauteur d'eau dans ce réservoir supérieur.

§ 6.

Pompes, machines et générateurs.

PLANCHES IV (ensemble) VIII et IX.

La distribution a été basée sur l'hypothèse où le volume d'eau à élever en 12 heures, du réservoir inférieur dans le réservoir supérieur, serait de 2,500 mètres cubes ou 2,500,000 litres, soit par seconde 60 litres.

L'altitude du niveau maxima du réservoir supérieur étant de . . . . 42^m00

Celle du radier du réservoir inférieur de . . . 28^m00

La hauteur maxima à laquelle il faut élever ledit volume de 2,500,000 litres par jour est de . . . 14^m00

Quant à la hauteur moyenne d'élévation elle est de 11^m65 eu égard à la hauteur d'eau de 5^m20 dans le réservoir inférieur.

D'après ces bases, le travail dynamique des machines doit produire un effet utile de $11^m40 \times 60$ litres $= 684$ kilogrammètres c'est-à-dire 9 chevaux vapeur 18./

Les deux machines qui sont identiquement semblables, ont été construites par M. Quillacq d'Anzin ; elles sont à haute pression, détente et condensation, et comprennent chacune une pompe à double effet aspirant l'eau directement dans les réservoirs inférieurs et la refoulant dans les bassins supérieurs.

Elles ont été calculées pour faire 12 chevaux effectifs chacune, à la vitesse de 16 tours par minute et avec 1/15 d'introduction, la pression dans les chaudières étant 5 atmosphères.

Les cylindres à vapeur ont 0^m50 de diamètre, et la course des pistons est de 0^m90 ; les cylindres sont munis d'une enveloppe en fonte dans laquelle circule la vapeur avant de se rendre dans la boîte de distribution ; les fonds et les couvercles de ces cylindres sont également chauffés par un courant de vapeur.

La distribution de vapeur est faite par des tiroirs superposés du système Meyer , permettant de varier l'admission de vapeur entre 1/20 et 1/6 de la course du piston. En marche ordinaire, l'admission de vapeur varie entre 1/15 et 1/10 de la course du piston.

La pompe à eau est placée dans l'axe de la machine à vapeur, mais plus bas. La distance verticale entre l'axe du cylindre et l'axe de la pompe est de 3^m850. Son diamètre intérieur est de 0^m41 ; le piston qui a une course de 0^m90, est mis en mouvement par un balancier vertical.

Les tuyaux d'aspiration et de refoulement ont 0^m40 de diamètre. Les clapets d'aspiration, ainsi que ceux de refoulement, démasquent, pour le passage de l'eau, une section un peu plus grande que la section de la pompe.

Le condenseur est placé à côté du cylindre à vapeur sous le plancher de la chambre de la machine. La pompe à air a 0^m32 de diamètre et 0^m250 de course. Son piston est commandé par un levier placé à l'une des extrémités de l'axe du balancier de la pompe à eau.

Le volant qui a six mètres de diamètre, pèse 5,200 kilogrammes et a été calculé pour avoir 4^m80 de vitesse à la circonférence moyenne de la jante, lorsque la machine fait 16 évolutions par minute.

La vapeur est fournie aux deux machines par deux chaudières semblables qui peuvent, à l'aide de soupapes, être mises en communication ou marcher séparément.La tuyauterie et les soupapes sont disposées de telle sorte qu'on peut faire marcher les deux machines ou chacune d'elles séparément avec l'une ou l'autre des chaudières, ou avec les deux réunies.

Les chaudières sont cylindriques; elles sont munies de dômes de prise de vapeur et ont deux bouilleurs chacune. Le diamètre intérieur des chaudières est de 0^m80 et leur longueur s'élève à 5^m10. Les bouilleurs ont 0^m40 et 5^m70 de longueur. La surface de chauffe de chaque chaudière y compris les deux bouilleurs, est 18^{m^2}. La capacité de chaque chaudière y compris le dôme et les bouilleurs est 4^{m3}. L'eau occupe environ $2^{m3}800$ et la vapeur $1^{m3}2080$.

Il y a en outre un bouilleur réchauffeur dans lequel se fait l'alimentation, ce bouilleur sert aux deux chaudières, il est mis en communication avec l'une ou l'autre au moyen de deux robinets.

Les grilles ont 0^m90 de longueur et 0^m80 de largeur ; la section est donc 0^m72, soit $1/25$ de la surface de chauffe. Les barreaux ont 15 m/m d'épaisseur et laissent entre eux un espace libre de 10 m/m.

La section libre des carneaux est 0^m12, soit $1/54$ de la surface de la grille.

La cheminée a 24 mètres de hauteur et 0^m50 de diamètre intérieur la section est 0^m175, c'est-à-dire $1/4$ environ de la surface de chaque grille.

M. Quillacq, par les conditions d'adjudication, s'était engagé à ne consommer que 2 k. de charbon par heure et par cheval, vapeur mesuré en eau montée. Les expériences faites en présence de la commission de réception ont constaté une consommation de 2 k. 20. Mais comme d'un autre côté les machines sont d'une force beaucoup supérieure à celle prescrite, et qu'elles sont parfaitement conditionnés, on a conclu à leur admission. L'une des machines, fonctionnant seule élève la quantité d'eau journellement employée aujourd'hui, soit 10,000 hectolitres dans l'espace de cinq heures en marchant à la vitesse de 15 tours à la minute.

§ 7.

Distribution dans la ville.

Tous les tuyaux de la distribution intérieure sont en fonte et assemblés suivant le système à joint élastique Delperdange, qui procure une économie de fonte et de pose considérable, en même temps qu'une étanchéité parfaite et une flexibilité particulièrement précieuse dans une ville où le sol est très peu résistant.

Une conduite maitresse de 0^m40 de diamètre qui part du fond du réservoir, se divise bientôt en trois artères de 0^m20 et de 0^m17 de diamètre dont deux enveloppent la ville et la troisième occupe le diamètre. Le surplus du réseau est uniformément de 0^m11 de diamètre.

Il y a aujourd'hui 46 bornes fontaines qui sont très rapprochées les unes des autres dans les quartiers habités par la classe ouvrière et 52 bouches d'eau servant à compléter l'arrosage des ruisseaux.

Des robinets d'arrêt et de décharge existent en nombre suffisant, pour permettre de vider au besoin séparément les diverses portions du réseau dans les canaux et les égouts de la ville.

Des gerbes jaillissent dans le jardin de la place Froissart et l'eau assainit les principaux urinoirs de la ville.

On doit aussi établir une fontaine monumentale sur la Grand'place, lorsqu'on inaugurera la statue d'Antoine Watteau par M. Carpeaux.

§ 8.

Renseignements divers.

Ainsi qu'on le voit par les dessins, tous les organes importants de la distribution sont doubles, pour éviter toute interruption du service, dans le cas où l'un de ces organes aurait besoin de réparations. Les réservoirs inférieur et supérieur ont chacun deux compartiments distincts et indépendants ; les machines, les pompes et les chaudières sont doubles. Dans le cas même où les deux viendraient à faire défaut, en même temps, il resterait encore la possibilité d'alimenter la presque totalité de la ville, au rez-de-chaussée. En effet, l'eau arrive en ville à la côte 33^{m}20 ; plus de la moitié de la ville ne dépasse pas l'altitude de 27^{m}00 et le dixième à peine dépasse la cote 33^{m}20. Il suffirait donc pour alimenter, du moins provisoirement, plus des 9/10 de la ville de fermer les vannes d'arriver aux réservoirs inférieurs, et d'ouvrir un robinet qui met en communication la conduite d'amenée avec le réseau de la distribution.

Le niveau maxima de l'eau dans les réservoirs supérieurs étant à la côte 42^{m}00, et le sol de la grande place étant à la côte (27^{m}00); il s'ensuit que même en tenant compte des pertes de charge, on peut assurer le service presque partout jusqu'au 2e étage. Les maisons à 3 étages sont excessivement rares à Valenciennes, et là où il en existe, elles pourraient souvent encore être desservies quand le réservoir supérieur est plein. Le théâtre peut recevoir l'eau jusqu'aux combles ou l'on a établi une bâche pour le cas d'incendie.

L'aqueduc d'amenée des eaux et ceux de prise d'eau des sources sont exécutés en maçonnerie de briques et mortier de ciment de Vassy, ce qui a permis souvent de fonder dans l'eau en employant le ciment pur ou en réduisant la proportion du sable qui ordinairement atteignait les 2/3 du mélange.

Les réservoirs sont exécutés en maçonnerie de briques et mortier composé ainsi qu'il suit, par mètre cube :

Chaux hydraulique de Tournay éteinte . . .	0^m^{3}80
Cendres de houille	0^m^{3}60
Trass de Prusse	0^m^{3}15
	1^m^{3}55

Ce mortier a toujours été broyé au manége et après la prise qui a été prompte il a acquis une résistance comparable aux meilleurs ciments.

La consolidation des anciennes galeries d'exploitation de pierres blanches, sous les réservoirs supérieurs, a été exécutée presqu'entièrement en maçonnerie de moellons trouvés dans les dites galeries et grossièrement équarris.

Tous les travaux en maçonnerie avaient été adjugés à M. Gariel, propriétaire du ciment de Vassy; ils ont été exécutés avec tout le soin et toute la loyauté désirables.

Voici la récapitulation sommaire des dépenses :

Indemnités de terrains et autres. 31,932 00

Premier lot des travaux, comprenant:
1° la conduite principale d'amenée des eaux ;
2° les aquéducs de prise d'eau des sources;
3° les réservoirs inférieurs et supérieurs ; 4° le bâtiment des machines à vapeur et ses puisards. 366,595 84

Deuxième lot des travaux, comprenant:
1° Les pompes pour refouler les eaux du réservoir inférieur dans le réservoir supérieur ;
2° les machines à vapeur destinées à mettre les pompes en mouvement ; 3° les générateurs de vapeur ; 4° les six vannes nécessaires pour le service des réservoirs inférieurs et supérieurs, plus quelques travaux accessoires. . . . 42,686 41

A reporter. 441,214 25

Report. . . .441,214 25

Troisième lot des travaux, comprenant :

1° le coût de l'autorisation d'employer le système de construction et d'assemblage de tuyaux, bréveté en faveur de M. l'ingénieur Delperdange ; 2° la fourniture des joints complets pour l'assemblage des tuyaux ; 3° la fourniture des tuyaux de fonte nécessaires pour la conduite principale d'amenée , depuis l'extrémité de l'aquéduc en maçonnerie jusqu'à la place Verte ; 4° la fourniture des tuyaux de fonte nécessaires pour la canalisation dans la Ville ; 5° l'essai et la pose des tuyaux , plus quelques travaux accessoires. 157,436 29

Quatrième lot des travaux, comprenant :

1° les travaux de fontainerie nécessaires pour l'aquéduc d'amenée et pour la canalisation dans la Ville ; 2° les bornes-fontaines et bouches d'eau, sous trottoir, nécessaires pour le service des voies publiques ; 3ᵉ la pose des robinets et la construction des regards destinés à faciliter tant leurs manœuvres que leurs réparations, plus quelques travaux accessoires. 42,000 00

Cinquième lot des travaux, comprenant :

1° la fourniture des pavés neufs nécessaires pour le remaniement de la rue de l'Intendance ;

A reporter. 640,650 54

Report. . . .640,650 54

2° la fourniture du sable nécessaire pour ce
premier travail et pour le repavage du dessus
des fouilles à faire dans les rues, pour la pose
de la canalisation en fonte ; 3° l'emploi de ces
matériaux et quelques travaux accessoires. . . 14,400 00

ENSEMBLE. 655,050 54

Honoraires calculés à raison de 3 1‍|2 p. °|₀
sur le montant, 608,695 fr. 65, des dépenses
prévues. 21,304 35

TOTAL. 676,354 89

Le projet s'élevait à 630,000 fr., l'augmentation est due
1° à la découverte des anciennes carrières de pierres blanches, qu'il a fallu consolider pour assurer la solidité des
réservoirs, sans cette circonstance de force majeure on aurait au contraire réalisé une économie notable ; 2° à l'établissement d'un logement pour le mécanicien au-dessus de
la chambre des machines.

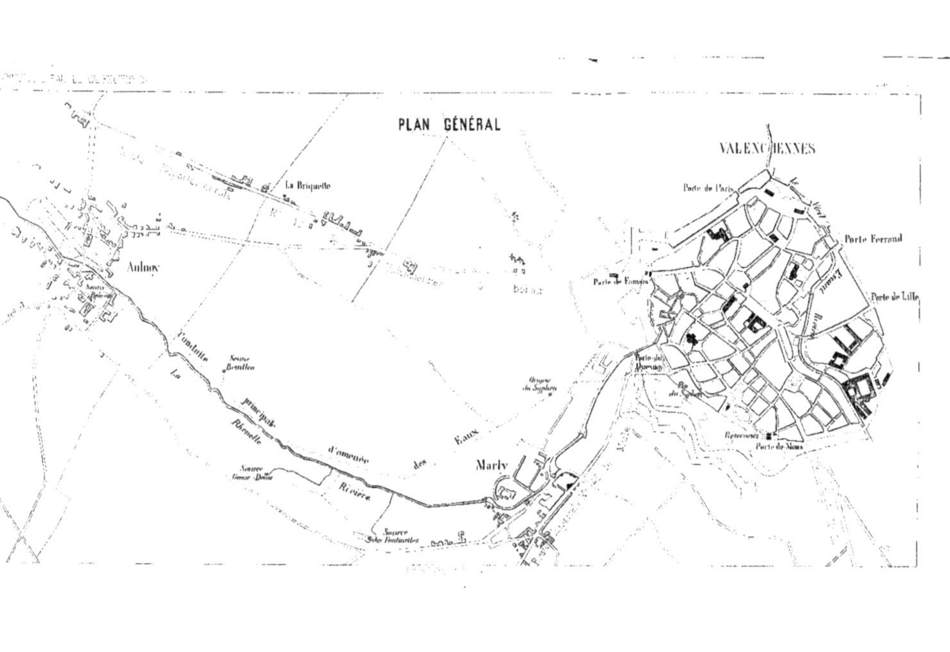

PLAN GÉNÉRAL
VALENCIENNES
La Briquette
Aulnoy
Marly
Porte de Paris
Porte Ferrand
Porte de Lille
Porte de Famars
Porte du Marché
Porte de Mons
La Fontaine
La Rhonelle
principale
d'amenée
des
Eaux
Rivière
Source Brouillon
Source Grosse Douce
Source Trois Fontaines

PROFIL EN LONG DE LA CONDUITE PRINCIPALE D AMENÉE

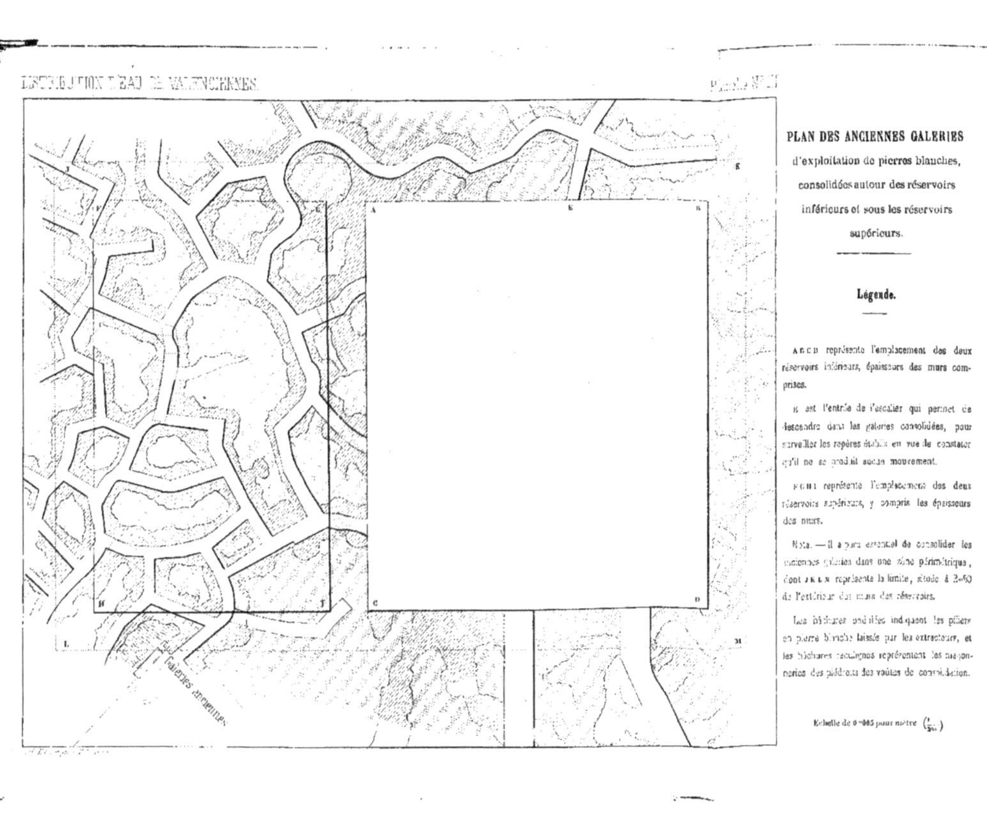

PLAN DES ANCIENNES GALERIES

d'exploitation de pierres blanches,
consolidées autour des réservoirs
inférieurs et sous les réservoirs
supérieurs.

Légende.

A B C D représente l'emplacement des deux réservoirs inférieurs, épaisseurs des murs comprises.

K est l'entrée de l'escalier qui permet de descendre dans les galeries consolidées, pour surveiller les repères établis en vue de constater qu'il ne se produit aucun mouvement.

F G H I représente l'emplacement des deux réservoirs supérieurs, y compris les épaisseurs des murs.

Nota. — Il a paru essentiel de consolider les anciennes galeries dans une zône périmétrique, dont J K L M représente la limite, située à 2m50 de l'extérieur des murs des réservoirs.

Les hachures ondulées indiquent les piliers en pierre blanche laissés par les extracteurs, et les hachures rectilignes représentent les maçonneries des piédroits des voûtes de consolidation.

Échelle de 0m005 pour mètre ($\frac{1}{200}$.)

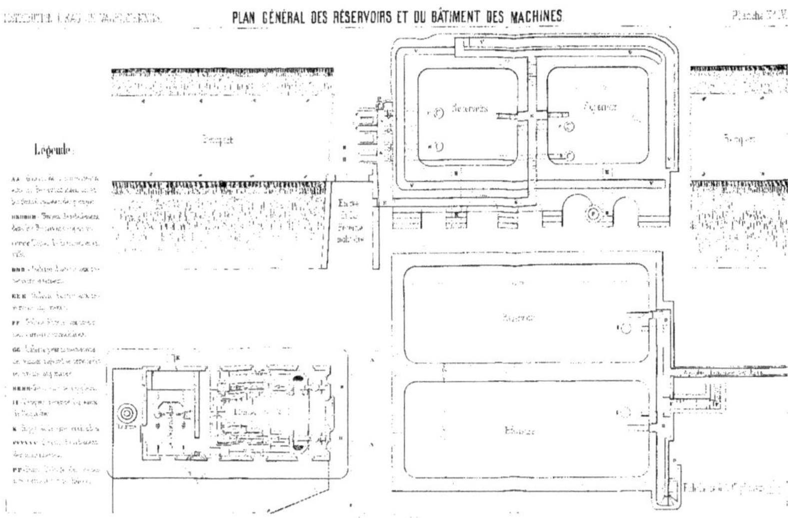
Légende :
Réservoirs
Réservoir
Réservoir
Écluse

COUPE TRANSVERSALE DES RÉSERVOIRS INFÉRIEURS ET SUPÉRIEURS.

Des plaques en fonte recouvrent les puits ménagés au cerveau des voûtes des réservoirs inférieurs et supérieurs pour faciliter le service en cas de réparations.

Dans les puits des réservoirs inférieurs se trouve l'orifice inférieur des tuyaux d'airage. Les réservoirs supérieurs sont aérés par les tuyaux destinés à écouler le trop-plein.

Les caniveaux établis au bas des étapes, présentent des déclivités longitudinales qui conduisent les eaux rassemblées dans des puits perdus, situés en dehors des ouvrages.

aa Aqueducs conduisant les eaux des réservoirs inférieurs aux puits d'aspiration du bâtiment des machines.

t t Tuyaux amenant dans les réservoirs supérieurs les eaux élevées par les machines.

r r Tuyaux écoulant les eaux des réservoirs supérieurs dans la grande artère formant tête de la distribution.

v v Rvetements de la partie supérieure des maçonneries.

g Galerie d'accès à l'escalier conduisant aux entrées des 2 réservoirs supérieurs.

p p p Anciens puits de service des carrières de pierre blanche : le premier de ces puits, conservé pour l'aérage des anciennes galeries d'exploitation, a servi à descendre tout le mortier employé dans les travaux de consolidation.

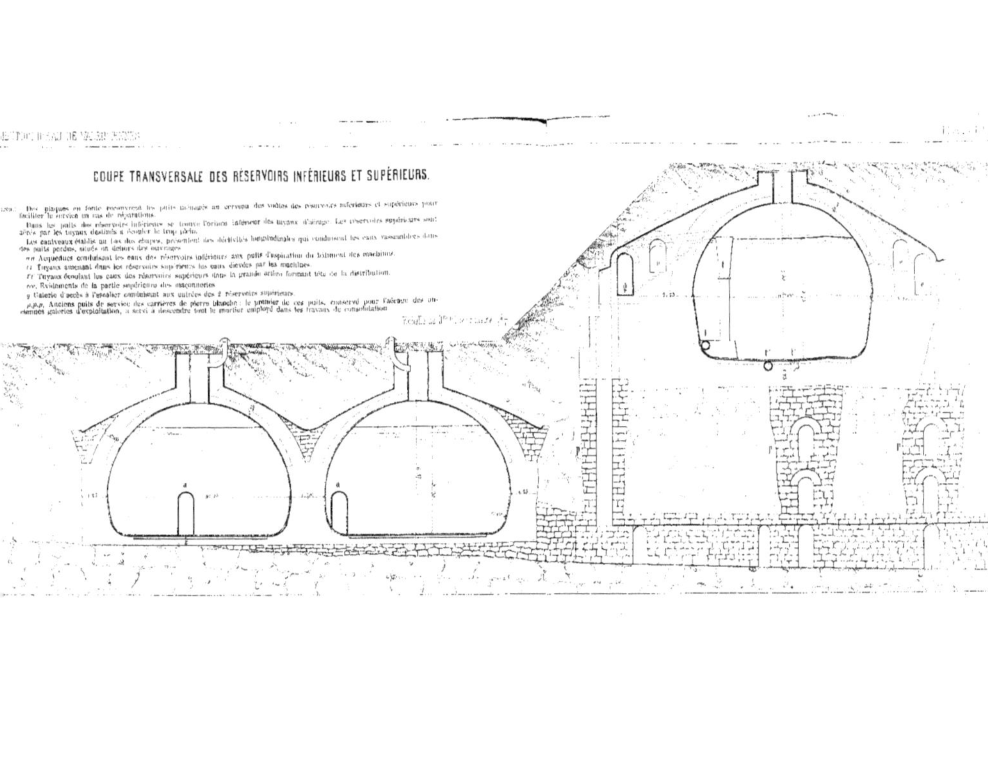

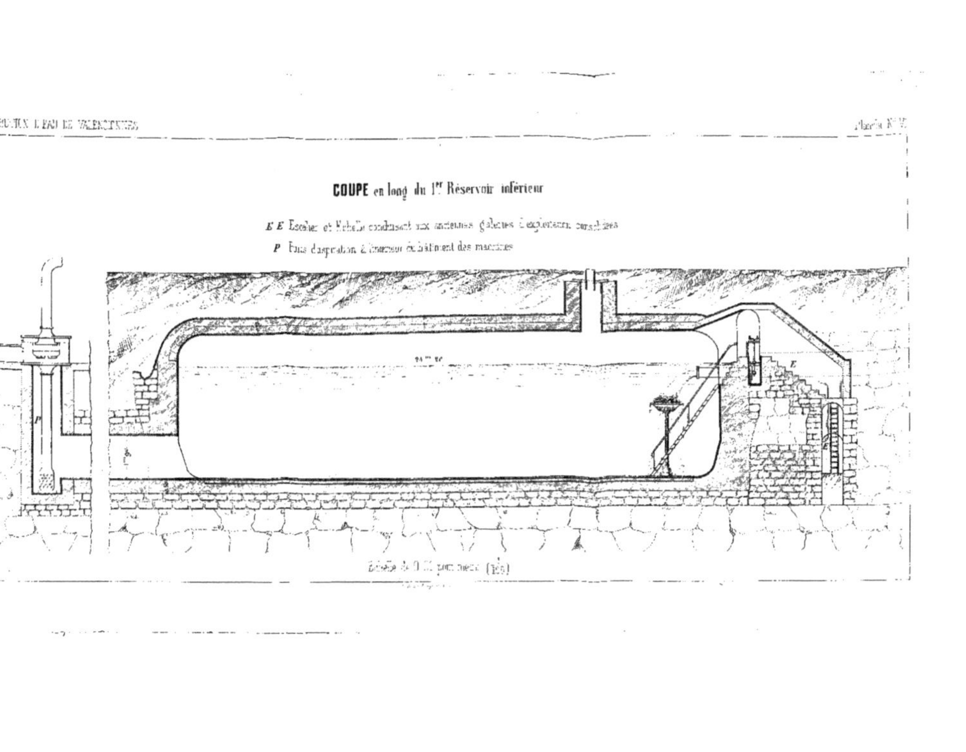

COUPE en long du 1er Réservoir inférieur
E E Escalier et Échelle conduisant aux anciennes galeries d'exploitation considérées
P Puits d'aspiration à l'intérieur du bâtiment des machines
Échelle de 0.0. pour mètre (1/..)

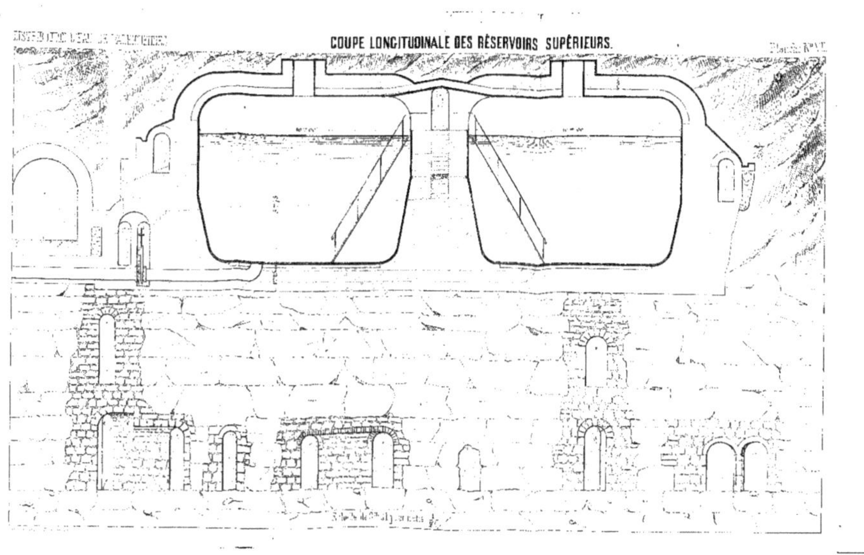

DISTRIBUTION D'EAU DE L'ALHAMBRA.
COUPE LONGITUDINALE DES RÉSERVOIRS SUPÉRIEURS.

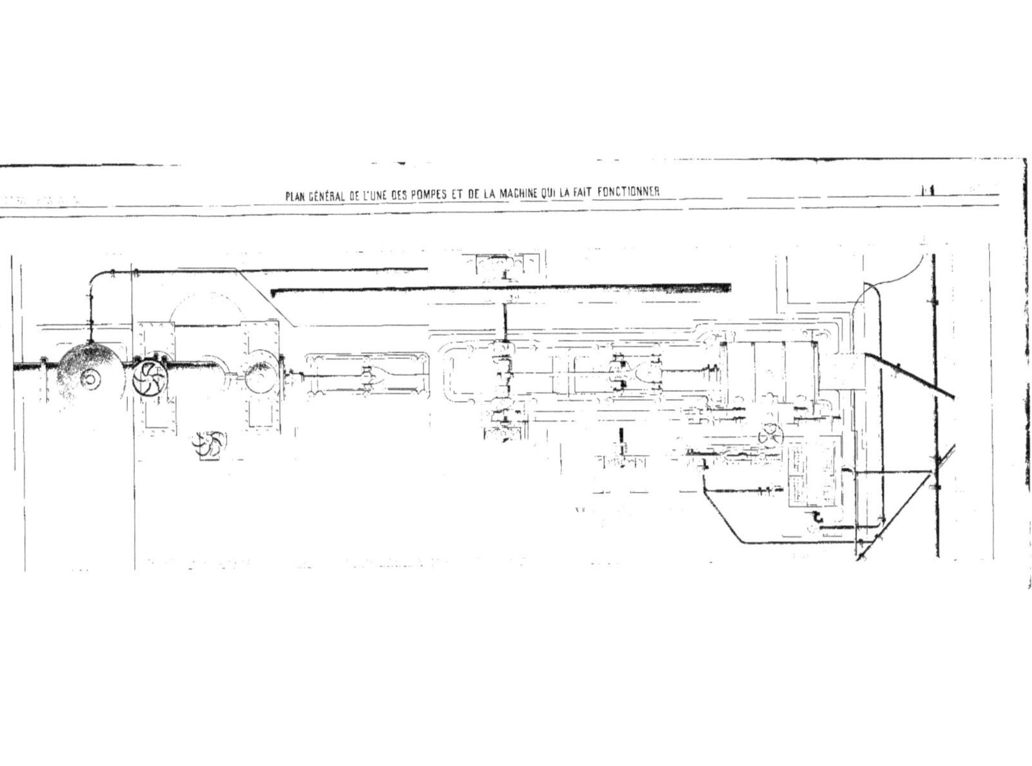

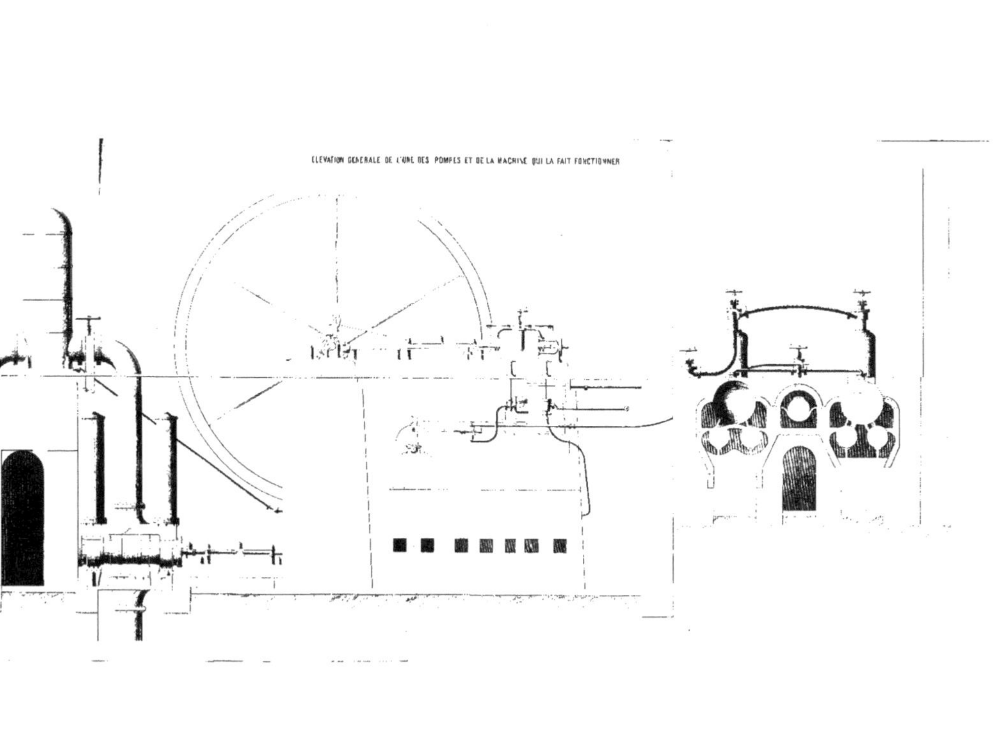

ÉLÉVATION GÉNÉRALE DE L'UNE DES POMPES ET DE LA MACHINE QUI LA FAIT FONCTIONNER